Tamara Rachbauer

Textsortenbestimmung im wissenschaftlichen Bereich

Aufgabe 2 Online-Vorphase im Modul 13 – Einführung in das wissenschaftliche Arbeiten

GRIN Verlag

Bibliografische Information der Deutschen Nationalbibliothek:

Die Deutsche Bibliothek verzeichnet diese Publikation in der Deutschen National-
bibliografie; detaillierte bibliografische Daten sind im Internet über http://dnb.d-
nb.de/ abrufbar.

Impressum:

Copyright © 2014 GRIN Verlag GmbH
Druck und Bindung: Books on Demand GmbH, Norderstedt Germany
ISBN: 978-3-656-71427-9

Dieses Buch bei GRIN:

http://www.grin.com/de/e-book/278264/textsortenbestimmung-im-wissenschaftli-
chen-bereich

GRIN - Your knowledge has value

Der GRIN Verlag publiziert seit 1998 wissenschaftliche Arbeiten von Studenten, Hochschullehrern und anderen Akademikern als eBook und gedrucktes Buch. Die Verlagswebsite www.grin.com ist die ideale Plattform zur Veröffentlichung von Hausarbeiten, Abschlussarbeiten, wissenschaftlichen Aufsätzen, Dissertationen und Fachbüchern.

Besuchen Sie uns im Internet:

http://www.grin.com/

http://www.facebook.com/grincom

http://www.twitter.com/grin_com

Textsortenbestimmung

Arbeitsauftrag 2 der Online-Vorphase im Modul 13 – Einführung in das wissenschaftliche Arbeiten

vorgelegt von: *Tamara Rachbauer*

Inhaltsverzeichnis

Arbeitsauftrag 1 – Textsortenbestimmung

Wir waren uns in den Vordiskussionen einig, dass vor allem Nachvollziehbarkeit, Objektivität und wissenschaftliche Sprache wichtige Kriterien wissenschaftlichen Arbeitens sind. Wie kann ich das an Texten konkret überprüfen – auch wenn ich den/die Autor/in nicht kenne? Welche Indizien sprechen für die Wissenschaftlichkeit/Unwissenschaftlichkeit eines Textes?

Sie finden nun sechs kurze Textausschnitte. Bitte analysieren und diskutieren Sie diese Texte auf ihre Wissenschaftlichkeit (einzeln oder auch im Zweipersonen-Team - bitte im Falle um Nennung des Teams):

- Handelt es sich beim jeweiligen Text um einen wissenschaftlichen Text? Begründen Sie warum bzw. warum nicht! Nennen Sie im Falle eines nichtwissenschaftlichen Textes die korrekte Textsorte!

- Versuchen Sie detailliert zu begründen, d.h. schreiben Sie nicht nur „Verwendung von neutraler Sprache"/„keine objektive Sprache" oder „Verwendung von Kurzzitaten" (das wäre zu leicht). Nennen Sie konkrete Beispiele an denen Sie Ihre Begründungen festmachen können.

- Achten Sie auf bestimmte Formulierungen, Begriffe, Ausdrucksweisen, Schlüsselworte, Argumente bzw. Argumentationsketten, Belege/Quellen, die Richtung Wissenschaftlichkeit / Unwissenschaftlichkeit weisen

1 Textausschnitt 1 – Schreiben

1.1 Inhalt Text 1

Ein guter Ausdruck erleichtert es Ihnen, anderen Menschen Ihre Ideen mitzuteilen und ihnen zu helfen, bessere Entscheidungen zu treffen. In der heutigen Berufswelt hat niemand mehr Zeit zum Lesen, daher wollen die Leute, die in Eigenverantwortung Entscheidungen treffen, die notwendigen Informationen durch ihre Briefe, Memos, Berichte und E-Mail Nachrichten erhalten und möglichst zügig Entscheidungen treffen. Machen Sie Ihren Kollegen und Geschäftspartnern das Leben leichter: Bringen Sie Ihre Gedanken und Ideen zunächst gut zu Papier, benutzen Sie Wörter, die der Leser versteht und stellen Sie Informationen in einer präzisen und gewissenhaften Form zusammen, die leicht verständlich ist. Ein guter Schreibstil erfordert harte Arbeit. Es ist ein mühsamer und langwieriger Prozess, weil wir wesentlich schneller denken, als wir schreiben. Und deswegen ist heute das Schreiben mit unseren superschnellen Computern wesentlich einfacher, als es vor einem Jahrhundert war, als noch Tinte und Feder benutzt wurden, oder selbst als wir noch elektronische Schreibmaschinen benutzten. Früher war es so, dass man viel Zeit damit verbracht hat, einen Text fehlerlos und richtig vorformatiert zu verfassen. Heute räumt der Computer Ihnen Zeit ein, darüber nachzudenken, was Sie schreiben wollen, anstatt sich Gedanken über die Formatierung des Textes zu machen. Beim Schreiben kommen Ihnen viele Ideen, und das hilft Ihnen, sich darauf zu konzentrieren, was Sie wirklich sagen wollen. Deshalb ist es wichtig, dass Sie sich viel Vorlaufzeit nehmen, wenn Sie schreiben. Nachdem Sie etwas geschrieben haben, sollten Sie es immer kurz beiseite legen und später noch einmal lesen. Wenn Sie ein Schriftstück noch einmal durchlesen, werden Sie merken, wie Sie zu Papier gebracht haben, noch verbessern können. Immer wenn ich etwas Wichtiges schreibe, auch wenn es nur ein kurzer Brief, ein Memo oder ein E-Mail ist, lege ich es zunächst beiseite. Wenn ich es mir später noch einmal durchlese, bin ich immer der Meinung, dass es nicht genau das aussagt, was ich sagen wollte. Also überarbeite ich es noch einmal, mache einige Änderungen und schicke es dann ab.

1.2 Mein Beitrag

Hier dürfte es sich, ähnlich wie im Text 3, um ein Sachbuch oder einen Ratgeber handeln Auch hier kann ich meinen beiden VorrednerInnen, Astrid und Carsten, nur beipflichten.

- *Schreibstil ist nicht wissenschaftlich:* Der/die LeserIn wird hier direkt angesprochen „Heute räumt der Computer **Ihnen** Zeit ein, darüber nachzudenken, **was Sie** schreiben wollen, anstatt sich Gedanken über die Formatierung des Textes zu machen";

- *Subjektive Schreibweise* z.B. „Immer wenn ich etwas Wichtiges schreibe", „.. Wenn ich es mir später noch einmal durchlese, bin ich immer der Meinung"; Text wurde mit nichtwissenschaftlichen Wörtern ausgeschmückt, z.B. **superschnellen** Computern

- *formale Korrektheit des Textes:* Quellentransparenz nicht gegeben. Es wird hier auf Grund der leichteren Lesbarkeit auf Zitate und Verweise verzichtet wie man an diesem Textausschnitt sehen kann.

- *Auch korrekte Grammatik und Rechtschreibung ist hier teilweise nicht vorhanden:* z.B. „Wenn Sie ein Schriftstück noch einmal durchlesen, werden Sie merken, wie Sie zu Papier gebracht haben, noch verbessern können" sollte doch eigentlich heißen „Wenn Sie ein Schriftstück noch einmal durchlesen, werden Sie merken, **wie Sie das, was** Sie zu Papier gebracht haben, noch verbessern können.

1.3 Zusätzliche Fragestellungen zum Text

Professorin: Ist es - diese Frage gilt wieder immer allen - in wissenschaftlichen Arbeiten zulässig, die „Ich-Form" zu verwenden?

Mein Beitrag

Liebe Frau Mag. Blaschitz, liebe KollegInnen,

zur Beantwortung dieser Frage muss ich etwas weiter ausholen, denn diese ist nicht mit einem einfachen "Ja" oder "Nein" zu beantworten.

Viele Universitäten und Fachhochschulen raten eindeutig davon ab (die Uni Karlsruhe räumt zumindest bei Diskussionsteilen die ICH-Form ein), die ICH-Form bzw. WIR-Form zu verwenden.

Dazu auch einige Beispiele:

- **Uni Paderborn:** „Die erste Person Singular oder Plural sollte in wissenschaftlichen Arbeiten nicht verwendet werden."

- **Uni Münster:** „Die meisten Lehrenden lehnen die "ich-Form" in wissenschaftlichen Arbeiten nach wie vor ab."

- **Fh Münster:** „Die Ich-Form bzw. Wir-Form (1. Person) ist zu vermeiden."

- **Uni Karlsruhe:** „Die Ich-Form ist zu vermeiden (Objektivität). Sollte es einen Diskussionsteil geben (hängt von der Art der Arbeit, aber auch den Wünschen der Betreuenden ab), kann dort die Ich-Form sinnvoll sein. Das Umgehen der Ich-Form durch Formulierungen mit 'man' sollte ebenfalls vermieden werden. Besser ist z. B. eine Formulierung wie folgt: ... der Verfasser/die Verfasserin ist der Ansicht/meint ... „

Im Buch Wissenschaftliches Arbeiten (Bänsch, 2003) wird auch gleich erklärt, warum die Ich-Form unüblich ist:

Durchgehend unüblich ist es in wissenschaftlichen Arbeiten, in der Ich-Form oder in der Wir-Form zu schreiben. Dies gilt für die Wir-Form auch im Fall eines Verfasserteams. Erklären lässt sich die Gepflogenheit daraus, dass seriöses wissenschaftliches Arbeiten stets forderte, verwendetes fremdes geistiges Eigentum lückenlos über die enstprechende Zitierweise anzuzeigen. Daraus lässt sich ableiten: Alle Passagen einer wissenschaftlichen Arbeit, die mehr als Allgemeinwissen präsentieren, aber keinen Zitiervermerk tragen, sind Eigenleistungen des Autors/Autorin bzw. Autorengemeinschaft. Die eigenständige sprachliche Annonce für die Passage ist überflüssig. Sie kann Leser/Gutachter sogar irritieren, weil sie aufdringlich wirkt und/oder zu anderen negativen Assoziationen führt.

Theisen, 2005 und Krämer, 1999 vertreten die Auffassung, dass eigene Stellungnahmen in der Ich-Form formuliert werden dürfen. Sie lehnen kategorisch ab, Umschreibungen wie "man" oder "nach Ansicht des Verfassers" zu verwenden. (vgl. Brink 2005)

Quellen:

- Bänsch, A., 2003. Wissenschaftliches Arbeiten. Seminar- und Diplomarbeiten 8. Aufl., Oldenbourg Wissensch.Vlg.

- Brink, A., 2005. Anfertigung wissenschaftlicher Arbeiten 2. Aufl., Oldenbourg Wissensch.Vlg.

- Krämer, W., 1999. Wie schreibe ich eine Seminar- oder Examensarbeit? 2. Aufl., Campus Sachbuch.

- Theisen, M.R., 2004. Wissenschaftliches Arbeiten. Technik, Methodik, Form 12. Aufl., Vahlen Franz GmbH.

Meiner Erfahrung nach kann die Ich-Form verwendet werden (es gibt kein ausdrückliches Verbot), leider kann es dadurch aber mitunter vorkommen, dass die DozentInnen, einen schlechteren Eindruck von der wissenschaftlichen Arbeit erlangen. ☺

1.4 Auflösung

Bei diesem Textbeispiel handelt es sich um keinen wissenschaftlichen Textausschnitt.

Er wurde entnommen:

Mayer, Jeffrey J. (1997). Zeitmanagement für Dummies. Bonn, u.a.: Thomson.

Er kann somit der so genannten "Ratgeberliteratur" zugeordnet werden, die für wissenschaftliche Arbeiten nicht verwendet wird.

2 Textausschnitt 2 – Rausch

2.1 Inhalt Text 2

Der Rausch führt in unserer Gesellschaft ein Schattendasein. Er unterliegt einer Tabuisierung, die ihn nur selten zum öffentlichen oder wissenschaftlichen Thema werden lässt – und wenn, dann nur negativ, indem er mit Vorstellungen wie Sucht, Abhängigkeit und Alkoholismus assoziiert wird (Vgl. Brockhaus Enzyklopädie 1992, 113). In unserer Gesellschaft wird das Ideal der nüchternen, rationalen Lebensführung propagiert, während der Rausch in zeitliche abgegrenzte Enklaven der Entlastung und Erholung, der gelegentlichen Befreiung vom Alltagsdruck und der partiellen Affektlösung eingespannt wird. Wer diese Grenzen überschreitet und in anderen Situationen durch Berauschung auffällt, gilt als „krank", „willensschwach" oder „unmöglich" (vgl. Neuhold 2006, 10). Jugendliche werden also mit einer ambivalenten Haltung unserer Gesellschaft dem Rausch gegenüber konfrontiert. Auf der einen Seite ist der Rausch allgegenwärtig, auf der anderen Seite wird er negativ konnotiert und verdrängt. Dass Jugendliche sich mit dem Rausch auseinandersetzen, zeigen aktuelle Studien zum Substanzkonsum unter Jugendlichen Das Rauscherlebnis stellt dabei das zentrale Motiv für den Konsum psychoaktiver Substanzen dar. Im Gegensatz zu den erregten öffentlichen Debatten zeichnet sich kein genereller Anstieg des Substanzkonsums unter Jugendlichen ab. Für Österreich wird ein Rückgang des durchschnittlichen Alkoholkonsums von 19% in den letzten drei Jahrzehnten vermerkt, der alle Altersgruppen betrifft (vgl. AKIS 2006). (…) Nach den Daten der deutschen „Drogenaffinitätsstudie" sind die 16- bis 19-Jährigen diejenige Gruppe, in der Rauscherfahrungen am häufigsten anzutreffen sind (vgl. BZgA 2004, 25). In Österreich wird trotz unklarer Datenlagen ebenfalls eine Zunahme des Rauschtrinkens unter Jugendlichen festgestellt, deren Ausmaß nach dm Report von AKIS jedoch „beträchtlich überschätzt" werde (vgl. AKIS 2006). Parallel dazu ist seit den 1990er Jahren eine Zunahme an Erfahrung mit illegalen Drogen zu verzeichnen. So stiegen die Konsumerfahrungen unter deutschen 12-25-Jährigen von 18 % im Jahr 1993 auf 32% im Jahr 2004 (vgl. BZgA 2004a, 13). Ein differenzierter Blick auf die verschiedenen Substanzen zeigt, dass sich hinter diesem Anstieg vor allem die Etablierung von Cannabis als Alltagsdroge verbirgt. Die internationale Schülerstudie ESPAD aus dem Jahr 2003 liefert Erkenntnisse über das Ausmaß an Lebenszeiterfahrungen mit Cannabis unter den 15-16-Jahrigen: Österreich bewegt sich dabei mit 21% Konsumerfahrungen im unteren Mittelfeld; in Deutschland und Italien berichten z.B. 27% der 15-16-Jahrigen von Cannabiserfahrungen (vgl. ÖBIG 2005, 14). (…) Diese Daten machen deutlich, dass zwar keine generelle Zunahme des Substanzkonsums unter Jugendlich zu verzeichnet ist, dass aber eine leichte Verschiebung der Konsumpraxis hin zum Rauschtrinken und zu Rauschpraktiken in Verbindung mit Cannabis stattfindet. Studien belegen, dass die Motive dafür nicht psychosoziale Belastungen und Problemdruck darstellen, sondern Neugier, Spaß, Experimentier- und Abenteuerlust sowie die Erleichterung des Zugangs zu jugendlichen peer groups (vgl. Fischer/Röhr 1999; Kleiber/Soellner 1998, 141).

2.2 Mein Beitrag

Dieser Text ist ein wissenschaftlicher Text aufgrund folgender Punkte:

- Erstens das Vorhandensein des Verweises auf die Quelle, z.B. vgl. Brockhaus Enzyklopädie 1992, 113, vgl. Neuhold 2006, 10, vgl. AKIS 2006, vgl. Fischer/Röhr 1999; Kleiber/Soellner 1998, 141

- Zweitens bei „vgl. Brockhaus Enzyklopädie 1992, 113" handelt es sich um renommierte und sehr bekannte Nachschlagewerke; bei „vgl. Kleiber/Soellner 1998, 141" handelt es sich um bekannte Persönlichkeiten aus dem wissenschaftlichen Bereich. Bei Eingabe in Google finden sich auf den ersten 4 Seiten zahlreiche Einträge mit deren Namen (Studien zum Drogenkonsum, Publikation zum Fachbereich Erziehungswissenschaft und Psychologie, usw.)

- Es wird wissenschaftliche Sprache verwendet (klar, prägnant, verständlich) und nicht wissenschaftliche Begriffe sind unter Anführungszeichen gesetzt, z.b. „beträchtlich überschätzt", „krank", „willensschwach" oder „unmöglich".

- Das Einbinden von statistischen Daten mit Verweisen zur ursprünglichen Untersuchung untermauert den wissenschaftlichen Aspekt, z.b. „Österreich bewegt sich dabei mit 21% Konsumerfahrungen im unteren Mittelfeld; in Deutschland und Italien berichten z.b. 27% der 15-16-Jährigen von Cannabiserfahrungen (vgl. ÖBIG 2005, 14)."

2.3 Auflösung

Hierbei handelt es sich um einen wissenschaftlichen Text handelt.

Sting, Stephan (2008). Jugendliche Rauschrituale als Beitrag zur Peergroup-Bildung. In Romana Bogner, Reinhold Stipsits (Hrsg.), Jugend im Fokus. Pädagogische Beitrage zur Vergewisserung einer Generation (S. 106-124). Wien: Löcker.

3 Textausschnitt 3 – Kind

3.1 Inhalt Text 3

In vielen Untersuchungen bemüht man sich, einen Zusammenhang zwischen der schädigenden Haltung der Eltern und der Art der Störung beim Kind aufzudecken. So untersuchte der Psychiater Prof. L. Kanner drei verschiedene Formen der Ablehnung ihre Folgen: die offene Ablehnung, gekennzeichnet durch Vernachlässigung und strenge Strafen, den Perfektionismus („So wie es ist, kann ich das Kind vorläufig nicht lieben, ich muss sehen, dass e sich bessert!"), gekennzeichnet durch Kritik und starre Verhaltensvorschriften, sowie die übertriebene Behütung und Verwöhnung (aus Schuldgefühl oder wegen verborgener feindlicher Impulse). Im ersten Fall fand er als Folge beim Kind Tendenzen von Aggressivität, Furcht vor der Verantwortung und Verwahrlosung. Der Perfektionismus als Erziehungshaltung untergräbt das Selbstvertrauen des Kindes und führt zu Entmutigung und zwanghaftem Verhalten. Überbehütung schließlich führt zu den bekannten Verwöhnungserscheinungen: Unselbständigkeit und Bequemlichkeit bei hohen Ansprüchen. Im Einzelfall ist es jedoch schwer, die Auswirkungen eines bestimmten Erziehungsverhaltens genau vorauszusagen. Das liegt unter anderem natürlich daran, dass zum Erziehungsverhalten eines Elternteils (oder beider Eltern) noch eine Reihe anderer Faktoren kommen, die das Verhalten des Kindes beeinflussen. So erlebe ich in meiner täglichen Praxis immer mehrere Reaktionsmöglichkeiten. Auf Ablehnung zum Beispiel können Kinder aggressiv oder auch depressiv reagieren. Beide Verhaltensweisen sind möglich. Außerdem verhalten sich Eltern selten einheitlich ablehnend oder bejahend. Sie treffen eine „Auswahl", sie mögen einige Seiten des Kindes und lehnen andere ab. Das ist zum Teil bedingt durch eigene Konflikte. Zudem werden die Eltern auch von den Verhaltensweisen des Kindes beeinflusst. Die so genannte Babymutter wird ihr Kleinkind möglicherweise gut und richtig versorgen und erst Problem bekommen, wenn das Kind nach Selbständigkeit strebt. Ist der Vater der „strahlende Held" und weist er der Mutter eine graue Aschenputtelrolle zu, wird die Tochter Schwierigkeiten bei der Übernahme der – in ihren Augen unattraktiven – Geschlechtsrolle haben. Partnerschaftliche Probleme sind fast vorprogrammiert, weil jeder Mann vor ihrem Vater verblasst.

3.2 Mein Beitrag

Hier dürfte es sich um einen Text aus einem Sachbuch oder Ratgeber handeln; diese sind wie im Diskussionsforum zum Vorverständnis bereits beschrieben an ein breites Publikum gerichtet, entsprechen wissenschaftlichen Qualitätskriterien in Normalfall aber nicht. In den meisten Fällen ist darin auch die Quellentransparenz nicht gegeben. (Es wird darin auf Grund der leichteren Lesbarkeit meist auf Zitate und Verweise verzichtet wie man an diesem Textausschnitt sehen kann.)

- *Schreibstil ist nicht wissenschaftlich bzw. subjektive Schreibweise:* „In vielen Untersuchungen bemüht man sich", „So erlebe ich in meiner täglichen Praxis immer" erinnern mehr an Werbeeinschaltungen im Fernsehen z.B. „in der Tat, Koffein kann die Lebensdauer der Haarwurzeln..."

- *formale Korrektheit des Textes:* wie in der Einleitung schon beschrieben: keine Verweise, Quellenangaben vorhanden

- *Auch korrekte Grammatik und Rechtschreibung ist hier teilweise nicht vorhanden:* auch hier haben sich wieder kleine Fehler eingeschlichen „dass e sich bessert" müsste eigentlich heißen „dass **es** sich bessert"

3.3 Zusätzliche Fragestellung

Professorin: Was sind nun aber die Kennzeichen objektiver Sprache? An anderer Stelle wurde bereits die Einbindung von statistischen Daten genannt, welche Kennzeichen könnte es sonst noch geben?

Mein Beitrag:

bezüglich Kennzeichen wissenschaftlicher Sprache möchte ich einen Tipp, den ich bei meinem Bachelorstudium von unserem Dozenten bekommen habe, weitergeben.

Ich und meine Mitkommilitonen hatten große Angst vorm erstmaligen Schreiben einer wissenschaftlichen Arbeit (Bachelorarbeit) oder anders ausgedrückt: wir sitzen vor einem leeren Word-Dokument und wir stellten uns die Frage „Wie fangen wir jetzt überhaupt an?"

Unser Dozent hat uns dann folgendes Buch empfohlen:

Kruse, O., 2007. Keine Angst vor dem leeren Blatt: Ohne Schreibblockaden durchs Studium 12., völlig neu bearbeitete Auflage 12. Aufl., Campus Verlag.

Hier beschreibt der Autor im Kapitel 4 Wissenschaftliche Textkomposition - Wissenschaftssprache auch **handfeste Regeln der Wissenschaftssprache**, durch welche sich wissenschaftliche von nichtwissenschaftlichen Texten unterscheiden.

Diese möchte ich hier mal anführen:

- **Belegen:** Behauptungen müssen in wissenschaftlichen Texten belegt werden. Ausnahmen sind triviale Aussagen, Erläuterungen, eigene Erwägungen oder Aussagen, die sich nicht belegen lassen. Belegt wird eine Aussage durch Verweise auf Quellen, auf empirische Daten oder die Behauptungen anderer Autoren. Besonderns wichtig ist es, Meinungen anderer Personen zu belegen.

- **Paraphrasieren:** Ideen und Meinungen, die anderen wissenschaftlichen Texten entnommen sind, müssen paraphrasiert, d.h. in anderer Sprache wiedergegeben werden als im Originaltext, sonst macht man sich eines Plagiats schuldig.

- **Zitieren:** Wörtlich wiedergegebene Textstellen müssen zitiert, d.h. in Anführungszeichen gesetzt werden. Die Herkunft des Textes muss eindeutig erkennbar sein.

- **Begründen:** Es ist legitim, in wissenschaftlichen Arbeiten Behauptungen aufzustellen, die man nicht belegen kann. Pflicht ist in diesem Fall nur zu begründen, warum man diese Meinung vertritt. Begründet wird eine Meinung mit Argumenten. Begründungspflichtig sind in wissenschaftlichen Arbeiten u. a. die verwendete Methode, der Umfang der verwendeten Literatur und der Quellen, die Fragestellung und die Schlussfolgerungen.

- **Bezüge herstellen:** Wissenschaftliche Aussagen müssen auf die vorhandene wissenschaftliche Literatur bezogen werden. Wie umfassend diese Bezüge sind, variiert mit den Ansprüchen an die Arbeit. In Dissertationen und Habilitationen beispielsweise wird eine umfassende Berücksichtigung der Literatur als Beurteilungskriterium verwendet. In Examensarbeiten werden in der Regel Abstriche in Bezug auf die Vollständigkeit der Literaturerfassung gemacht.

- **Begriffe definieren:** Wissenschaftliche Darstellungen verlangen eine Definition der verwendeten Begriffe. Definieren heißt im Prinzip nicht mehr, als zu erklären, wie man Wörter verwenden will. Da Begriffe in der wissenschaftlichen Literatur uneinheitlich verwendet werden, ist damit oft auch eine Zuordnung zu einer Theorie, Schule oder einem Diskurs verbunden. Die Verwendung vieler Begriffe ist durch eine entsprechende Wahl also bereits festgelegt und muss nicht wiederholt werden. Im Allgemeinen kann man sich auf Definitionen der verwendeten Schlüsselbegriffe beschränken.

- **Präzisieren**: Über die Definition hinaus sollten Begriffe präzisiert werden. Begriffe sind die wichtigsten Instrumente einer analytischen Untersuchung, und von ihrer Genauigkeit hängt u.a. die Qualität des Ergebnisses ab.

- **Systematisch vorgehen**: Wissenschaftliches Vorgehen bedient sich in der Regel einer nachvollziehbaren Systematik. Diese Systematik kann durch die Struktur des Gegenstandes selbst, durch den Ablauf der Argumentation, durch Notwendigkeiten der Darstellung oder durch die verwendete Methode begründet sein. Wie auch immer: Es empfiehlt sich, die Systematik des Vorgehens darzustellen und zu begründen.

- **Differenzieren**: Von wissenschaftlichen Texten wird eine differenzierte Betrachtung erwartet. Das heißt es wird erwartet, dass nicht nur eine Meinung dargestellt, sondern auch die wichtigsten Gegenmeinungen zumindest benannt werden, dass Alternativen aufgezählt werden und die Auswahl eines bestimmten Elements (einer Lösung, eines Ansatzes usw.) begründet wird.

- **Widersprüche eliminieren**: Von wissenschaftlichen Texten wird Widerspruchsfreiheit erwartet. In den getroffenen Aussagen sollen nicht gegenteilige Meinungen oder Kontradiktionen enthalten sein.

- **Logisch schließen**: Schließlich wird erwartet, dass Schlussfolgerungen in wissenschaftlichen Texten logisch folgerichtig sind.

- **Werte explizieren**: Werte kann man nicht ableiten oder belegen. Werte können nicht richtig oder falsch sein. Werte kann man, genau genommen, nur setzen; sinnvoll ist dennoch, sie zu beschreiben und zu begründen. Wichtig ist vor allem, Werte nicht stillschweigend als gegeben vorauszusetzen, sondern zu explizieren.

==

Professorin: Ist die Nennung von „Prof. L. Kanner" Kennzeichen eines wissenschaftlichen Textes?

Mein Beitrag:

Die Nennung eines Professors, in diesem Fall Prof. L. Kanner, alleine ist meiner Meinung noch kein Kennzeichen eines wissenschaftlichen Textes.

Für die Untermauerung der eigenen gebrachten Aussagen muss man, meiner Meinung nach, nachweisen können, dass diese auch haltbar sind, also "Hand und Fuß" haben.

In diesem Text fehlen nähere Angaben bzw. ein Verweis auf eine Quelle zu der von Prof. L. Kanner durchgeführten Untersuchung, wodurch eine Nachvollziehbarkeit nicht gegeben ist.

Zur Untermauerung meiner Meinung zwinkernd möchte ich noch einmal Umberto Eco bemühen:

„Zitieren ist wie in einem Prozeß etwas unter Beweis stellen. Ihr müßt Zeugen immer beibringen und den Nachweis erbringen können, daß sie glaubwürdig sind. Darum muß die Verweisung genau sein (man zitiert keinen Autor, ohne das Buch und die Seite des Zitats anzugeben), und sie muß von jedermann kontrolliert werden können." (Eco 2007)

Quelle: Eco, U., 2007. Wie man eine wissenschaftliche Abschlußarbeit schreibt. Doktor-, Diplom- und Magisterarbeit in den Geistes- und Sozialwissenschaften 12. Aufl., UTB Uni-Taschenbücher Verlag.

LG, Tamara

3.4 Auflösung

Die Textstelle wurde entnommen:

Diekmeyer, Ulrich (1995). Das Elternbuch 4. Unser Kind im 4. Lebensjahr. Reinbek: Rowohlt.

Die Textsorte "Ratgeberliteratur" ist als wissenschaftliche Quelle nicht zulässig. Sie beruht üblicherweise nicht auf Belegen, sondern zeigt die subjekte Meinung des/der Autor/in.

4 Textausschnitt 4 – Google

4.1 Inhalt Text 4

Der Mann, der auf den klingenden Namen Santiago de la Mora hört, spricht fünf Sprachen, ist in Kolumbien geboren, aufgewachsen in der UdSSR, Österreich und den USA, Master in Politikwissenschaften von der Elite-Universität Standford, er war Banker in Paris und gründetet eine eigene Firma, die Analysen über Drittweltländer erstellte. Heute ist de la Mora, gerade 38 Jahre alt, in London Direktor von Google Book Search für ein Gebiet, das in der Google-Sprache EMEA heißt – Europe, Middle East, Africa. Er kümmert sich damit um eine der größten Aufgaben, die Google im Moment zu vergeben hat. De la Mora soll das unglaublich gigantische Buch-Digitalisierungsvorhaben, die Google-Buchsuche, in Europa vorantreiben. Von einem Christian Sprang hatte Santiago de la Mora bis vor kurzem noch nie gehört. In der Zukunft, wie sie de la Mora vorschwebt, wird das gesamte in Büchern gesammelte Wissen der Welt im Internet zu finden sein und von Google verwaltet werden. Alle Bücher, die je geschrieben wurden und von denen die meisten in Bibliotheken verstauben, werden ein neues Leben beginnen, im weltweiten Netz – manche werden ganz zu lesen sein, andere in Auszügen. Es ist die Demokratisierung des Weltwissens, an der de la Mora arbeitet. Es ist nichts weniger als das große Ideal der Aufklärung, das nun endlich Wirklichkeit werden kann. So schrieb es gerade in der „New York Review of Books" der Chef der Harvard-Universitätsbibliothek Robert Darnton. Um sich überhaupt etwas Vergleichbares vorstellen zu können, muss de la Mora fast 600 Jahre zurückdenken. „Gutenberg", sagt er dann. „Wissen Sie, was Gutenberg gemacht hat?" Er scheint einen Moment zu überlegen, was Gutenberg eigentlich gemacht hat. „Das war wundervoll." Aber Gutenberg musste sich auch nicht mit der Verwertungsgesellschaft Wort herumschlagen oder mit dem Börsenverein des Deutschen Buchhandels. Die Büste von Max Tau, dem ersten Friedenspreisträger des Deutschen Buchhandels, im Jahr 1950, begrüßt Christian Sprang gleich am Eingang, wenn er in Frankfurt am Main morgens die Treppen zu seinem Büro im dritten Stock hochsteigt. Sprang, 46, ist Justiziar des Börsenvereins des Deutschen Buchhandel, des Zusammenschlusses der deutschen Verleger und Buchhändler. Er hat in Musikwissenschaft promoviert, er leibt die Bücher, aber auch das Recht. Er hat überhaupt nichts gegen Google, sagt er. Aber jetzt seien die zu weit gegangen.

4.2 Mein Beitrag

Über die Google-Suche (ich gebe dazu immer einzelne Sätze aus dem betreffenden Text in die Suchmaschine ein) auf Spiegel Online gestoßen http://www.spiegel.de/spiegel/print/d-64082667.html

Es handelt sich hierbei also um einen Artikel aus einer Zeitschrift, aber um keinen wissenschaftlichen Text. Sind die Themen jedoch aktuell (und keine oder nur wenig Fachpublikationen vorhanden) oder beziehen sich auf Internetthemen z. B. Google schafft im Internet die größte Bibliothek der Welt, machen Verweise und Zitate aus solchen Artikeln (mit Einschränkungen) durchaus Sinn, z.B. zum Einleiten in das Thema. Zum Vertreten eines wissenschaftlichen Standpunktes sind sie nicht geeignet.

- *Schreibstil ist nicht wissenschaftlich:* hier kann ich meinen beiden VorrednerInnen, Astrid und Carsten, nur beipflichten, es wird typische Zeitungsartikelsprache verwendet: leicht lesbar, ist an ein breites Publikum gerichtet, und indirekte Rede (Er scheint einen Moment zu überlegen, was Gutenberg eigentlich gemacht hat) ist nicht wissenschaftlich, auch hier kann ich mich Astrid nur anschließen.

- **formale Korrektheit des Textes:** keine Verweise, Quellenangaben vorhanden

- **Auch korrekte Grammatik und Rechtschreibung ist hier teilweise nicht vorhanden:** „er leibt die Bücher" – müsste eigentlich „er **liebt** die Bücher" (Tippfehler?)

Ergänzung:

als kleine Ergänzung (wurde mir von einem befreundeten Journalisten mitgeteilt) hier eine Unterscheidung zwischen wissenschaftlichen und journalistischen Texten.

Entnommen aus:

Burchert, H. & Sohr, S., 2008. Praxis des wissenschaftlichen Arbeitens: Eine anwendungsorientierte Einführung 2. Aufl., Oldenbourg.

Die Unterschiede zwischen einem wissenschaftlichen und einem journalistischen Text lassen sich an verschiedenen Merkmalen verdeutlichen.

Grundlegend sind es die unterschiedlichen Ziele, die mit beiden verfolgt werden. Während ein journalistischer Text der Information oder Unterhaltung dient, ist es das Ziel eines wissenschaftlichen Textes, einen Beitrag zur Gewinnung neuer theoretischer, empirischer oder methodischer Erkenntnisse einer Wissenschaft zu gewinnen.

Dies drückt sich u. a. in der verwendeten Sprache auch. Zur Unterhaltung kann nur etwas beitragen, was in der Sprache der Unterhaltung geschrieben wurde. Eine möglichst breite Leserschaft wird erreicht, wenn ein Text in Alltagssprache abgefasst ist.

Ein wissenschaftlicher Text richtet sich an einen deutlich engeren Leserkreis, nämlich nur an die Vertreter der entsprechenden Wissenschaft. Das Vermitteln neuer Erkenntnisse gelingt effektiv, indem direkt auf die Wissenschaftssprache zurückgegriffen wird. NichtvertreterInnen dieser Wissenschaft werden entsprechende Texte als schwer- bis unverständlich wahrnehmen.

Quellenangaben sind in wissenschaftlichen Texten notwendige Bestandteile. Im journalistischen Bereich sind die Quellen oft die bestgehütesten Geheimnisse. ☺

PS: Anbei auch noch ein tabellarischer Vergleich zur besseren Wahrnehmung.

Merkmale	Wissenschaftlicher Text	Journalistischer Text
Inhaltliche Ziele	Erkenntnisgewinnung	Information, Unterhaltung
Übergreifendes Ziel	wissenschaftliche Qualifikation	wirtschaftlicher Erfolg
Quellenarbeit	detaillierte Quellenangabe	keine Quellenpreisgabe
Ableiten von Aussagen	nach wissenschaftlichen Regeln	i. d. R. nicht nachprüfbar
Verständlichkeit	Wissenschaftssprache	Alltagssprache

Tabelle 1: Merkmale wissenschaftlicher und journalistischer Texte

4.3 Auflösung

hier handelt sich es wie bereits erkannt um einen Artikel in der Zeitschrift "Spiegel".

Oehmke, Philipp (2009). Das Buch-Monopoly. In Der Spiegel, 7, S. 116f.

Die Textsorte ist also ein journalistischer Artikel. Die Verwendung in einer wissenschaftlichen Arbeit ist nur erlaubt, wenn z.B. in der Einleitung auf eine besondere Aktualität eines Themas hingewiesen wird oder um den gesellschaftlichen Rahmens eines Themas zu illustrieren.

Zeitungsartikel könnten weiters auch als Quellen genutzt werden: Wenn z.b. in einer soziologischen oder publizistischen Arbeit fremdenfeindliche Tendenzen in österreichischen Medien untersucht werden.

Als Argumentation einer wissenschaftlichen Position ist er nicht geeignet.

5 Textausschnitt 5 – Avatar

5.1 Inhalt Text 5

Das eigentliche Avatar kann aussehen, wie man es selber haben will, bis an die Grenzen der eigenen Ausrüstung. Wenn man hässlich ist, kann man sein Avatar zu einer Schönheit machen. Wenn man gerade aus dem Bett aufgestanden ist, kann das Avatar trotzdem wunderschöne Kleidung und professionell aufgelegtes Make-up tragen. Man kann im Metaversum wie ein Gorilla oder ein Drachen aussehen. Wenn man nur fünf Minuten die Straße entlang geht, wird einen das alles begegnen. Hiros Avatar sieht genau wie Hiro aus, mit dem Unterschied, was immer Hiro in der Wirklichkeit auch trägt, sein Avatar ist in einen schwarzen Lederkimono gekleidet. Die meisten Hacker stehen nicht auf aufgedonnerte Avatars, weil sie wissen, es erfordert weitaus mehr Können, ein glaubwürdiges Gesicht zu erzeugen als einen Gorilla. So wie Leute, die sich mit Textilien auskennen, die feinen Unterschiede zwischen einem billigen grauen Baumwollanzug und einem maßgeschneiderten teuren grauen Baumwollanzug bemerken. Man kann nicht einfach irgendwo im Metaversum materialisieren, so wie Captain Kirk. Das wäre verwirrend und ärgerlich für die Leute um einen herum. Es würde die Metapher zunichte machen. Aus dem Nichts zu materialisieren (oder wieder in der Wirklichkeit zu verschwinden), wird als private Funktion betrachtet, die man am besten in der Abgeschiedenheit des eigenen Hauses erledigt. Heutzutage sind die meisten Avatars anatomisch korrekt und nackt wie ein Baby, wenn sie zum erstenmal erzeugt werden, daher muss man sich auf jeden Fall etwas Anständiges anziehen, bevor man sich auf die Straße wagen kann. Es sei denn, man wäre im tiefsten Inneren unanständig, und es wäre einem egal. Wenn man ein Besucher ist, der kein Haus besitzt, zum Beispiel jemand, der in einer öffentlichen Schalterhalle materialisiert, dann tut man das in einer Schleuse. Es gibt 256 Express-Schleusen auf der Straße, die gleichmäßig in Abständen von 256 Kilometern ringsum verteilt sind. Jede dieser Strecken ist darüber hinaus mit 256 Lokalschleusen unterteilt, die alle einen Kinometer auseinander stehen (geflissentliche Studenten der Hackersemiotik werden die zwanghafte Wiederholung der Zahl 256 bemerken, die die achte Potenz von 2 oder 28 ist – und selbst diese acht ist ziemlich saftig und tropft vor 22 zusätzlichen 2en). Die Schleusen erfüllen eine ähnliche Funktion wie Flughäfen: Hier betritt man, von anderswo kommend, das Metaversum. Ist man erst einmal in einer Schleuse materialisiert, kann man zu Fuß die Straße entlang schlendern, auf die Einschiene hüpfen oder was auch immer.

5.2 Mein Beitrag

ich bin über die Google-Suche auf den Hinweis gestoßen, dass diese Textpassage aus folgendem Buch in deutscher Übersetzung stammt: Stephenson, N., 1995. *Snow Crash: Roman*, Blanvalet Taschenbuch Verlag. Der Hinweis ist auf folgender Seite http://www.2life.ch/?p=407 zu finden.

Hier handelt es sich um keinen wissenschaftlichen Text (schon die Angabe Roman spricht dafür). Dafür gibt es in der Textpassage selbst folgende Hinweise darauf:

- *Subjektive Schreibweise:* mit zahlreichen „Ausschmückungen" z.B. aufgedonnerte, ziemlich saftig, …

- *Schreibstil ist nicht wissenschaftlich:* kurze abgehakte Sätze; die wenigen fachterminologischen Begriffe (Avatar, Metaversum, Hackersemiotik) werden nicht erklärt und was „man" hier „tut", „man es selber haben will", „Wenn man", „man kann" usw. ist einfach zu viel des Guten

- *formale Korrektheit des Textes:* keine Verweise, Quellenangaben vorhanden

- *Auch korrekte Grammatik und Rechtschreibung ist hier teilweise nicht vorhanden:* „wie ein Gorilla oder ein Drachen aussehen" – müsste eigentlich „wie ein Gorilla oder ein **Drache** aussehen" oder „wird einen das begegnen" – müsste eigentlich heißen „wird **einem** das begegnen" oder das Wort „Kinometer" müsste eigentlich „Kilometer" heißen

5.3 Auflösung

Hierbei handelt es sich um keinen wissenschaftlichen Text - dazu war er zu sprung- und rätselhaft bzw. fragmentarisch.

Die Textstelle wurde der deutschen Ausgabe des ursprünglich 1992 erschienenen Romans entnommen:

Stephenson, Neal (1994). Snow Crash. 3. Aufl. München: Goldmann.

6 Textausschnitt 6 – Lernen

6.1 Inhalt Text 6

Grundlage des Konstruktivismus ist die erkenntnistheoretische Auffassung, dass sich die Realität nicht objektiv (also unabhängig vom Beobachter) wahrnehmen und erklären lässt (vgl. Baumgartner & Payr, 1999). Der zentrale und gemeinsame Kern verschiedener konstruktivistischer Richtungen besteht daher in der These, dass die äußere Welt nicht direkt und voraussetzungsfrei erkannt werden kann; vielmehr beruht jeder Wahrnehmungs-, Erkenntnis- und Denkprozess notwendig auf den Konstruktionen eines Beobachters. Was der Einzelne als Wirklichkeit erlebt, ist also eine individuell und/oder sozial konstruierte Wirklichkeit. Um das zu verstehen ist der menschliche Organismus ein zwar energetisch offenes, aber informationell geschlossenes System. Das heißt: Unser Gehirn reagiert letztlich „nur" auf die vom Gehirn bereits verarbeitete (interpretierte) Information von außen. Das Verhältnis zwischen uns und der Außenwelt ist das einer strukturellen Koppelung: Es muss – trotz der Eigenkonstruktionen – ein Minimum an Entsprechung zwischen unseren Konstrukten und der Umwelt vorhanden sein, damit unser Handeln viabel (nützlich) ist. (…) (vgl. Terhardt, 2999). Der radikale Konstruktivismus, (z.B. von Glasersfeld, 1996) liefert die wissenschaftstheoretischen Basisannahmen für verschiedene konstruktivistische Ansätze (vgl. Pörksen, 2001): Ausgangspunkt ist das schon genannte Prinzip der Beobachterabhängigkeit. Wahrnehmen, Denken, Problemlösen und andere kognitive Aktivitäten beruhen immer auf den Konstruktionen eines Beobachters; es gibt von daher keine punktgenaue Übereinstimmung menschlicher Wahrnehmung mit der externen Realität. Der Konstruktivismus macht keine Aussagen über das Wesen der Welt (über das „Sein"), sondern darüber, wie sich Menschen in der Welt orientieren, wie Erkennen und Beobachten der Welt erfolgen.

6.2 Mein Beitrag

ich beginne mal mit diesem Text, weil ich diesen aus dem Buch „Gabi Reinmann (2008). Blended Learning in der Lehrerbildung. Grundlagen für die Konzeption innovativer Lernumgebungen. III. Auflage. Pabst Science Publishers, Lengerich 2005" kenne.

Dieses Buch hat mir schon im Modul 05 - Didaktisches Design beste Dienste erwiesen und ist jetzt in der Projektarbeit absolut brauchbar.

Die Textpassage stammt aus dem Unterkapitel 5.1.4 Konstruktivismus.

Es handelt es sich also auf alle Fälle um einen wissenschaftlichen Text. Abgesehen davon gibt es auch in der Textpassage selbst Hinweise auf den wissenschaftlichen Charakter:

- Erstens das Vorhandensein des Verweises auf die Quelle, z.B. vgl. Baumgartner & Payr, 1999, vgl. Terhart, 1999, vgl. Pörksen, 2001

- Zweitens bei „vgl. Baumgartner & Payr, 1999" handelt es sich um bekannte Persönlichkeiten aus dem wissenschaftlichen Bereich. Auch Dr. Erwald Terhart von der Uni Münster ist nicht gerade unbekannt.

- Es wird wissenschaftliche Sprache verwendet (klar, prägnant, verständlich) und fachterminologische Begriffe werden erklärt z.B. Konstruktivismus, radikaler Konstruktivismus usw.

- Und schlussendlich ist auch Prof. Dr. Gabi Reinmann im wissenschaftlichen Bereich beileibe keine Unbekannte!!!

6.3 Auflösung

der Textausschnitt stammt aus einer wissenschaftlichen Quelle:

Reinmann, Gabi (2005). Blended Learning in der Lehrerbildung. Grundlagen für die Konzeption innovativer Lernumgebungen. Lengerich, u.a.: Papst.

7 Wissenschaftliche Sprache ist charakterisiert durch:

klare, prägnante, verständliche Sprache,

gewährleistet durch

- Verwendung von Fachterminologie

- Fokussierung, Präzisierung

- Definition von verwendeten Begriffen

- korrekte Grammatik, Rechtschreibung

Nicht erlaubt/geeignet sind:

- Umgangssprache: „superschnellen Computer"

- Verallgemeinerungen/Allgemeinplätze: „in der heutigen Berufswelt hat niemand mehr Zeit", „alle Entscheidungsträger wollen kurze prägnante Nachrichten", „guter Ausdruck erleichtert Kommunikation"

- Unkonkrete Angaben: „Früher war es so, dass man viel Zeit verbracht hat, "in vielen Untersuchungen wurde bewiesen"

- Einbindung von eigenen Emotionen

- saloppe Sprache, Wortneu-Schöpfungen

- Einsatz von motivierenden, unterhaltsamen Elemente, um den Leser zum Kauf zu animieren oder Stimmung zu machen

- Verzicht auf verwirrende oder zweideutige sprachliche Stilmittel

- Verzicht auf literarische Stilmittel wie Anapher, Metapher, „Unbestimmtheitsstellen" in denen die Nachvollziehbarkeit des Textes bewusst gebrochen und die Vorstellungskraft d. Leser gefordert wird.

- Widersprüche in den getroffenen Aussagen

„roten Faden",

gewährleistet durch

- logischer Aufbau des Textes

- Systematische, logische Argumentation

Nicht erlaubt/geeignet ist:

- Abweichen von der eigentlichen Zielsetzung/Problemstellung
- Sprunghaftigkeit

Objektive Sprache,

gewährleistet durch

- Wendet sich an FachexpertInnen

- jede Aussage wird in den momentan gültigen Erkenntnisstand eingebettet (richtige Zitationen)

- Differenzierte Betrachtung: nicht nur eine Meinung darstellen, sondern es werden auch die wichtigsten Gegenmeinungen zumindest benannt, Alternativen aufgezählt und die Auswahl eines bestimmten Elements (einer Lösung, eines Ansatzes usw.) begründen

- Beschreibung der „Realität" und nicht am Aufbau von Gegenwelten interessiert

Nicht geeignet/erlaubt sind:

- subjektive Meinungen/Einschätzungen („So erlebe ich in meiner täglichen Praxis", „Immer wenn ich etwas Wichtiges schreibe")

- „Mitfühlende" Heranführung an ein Thema

- Appellativer Text

- Einbindung von Handlungsanleitungen

- indirekte Rede (Konjunktiv)

- Direkte Ansprache d. LeserIn („Heute räumt der Computer Ihnen Zeit ein, darüber nachzudenken, was Sie schreiben wollen, anstatt sich Gedanken über die Formatierung des Textes zu machen")

- Verzicht auf Zitate und Verweise auf Grund der leichteren Lesbarkeit

- Nicht nachprüfbare Behauptungen, nicht nachvollziehbare Schlussfolgerungen